AF278614

LES
JÉSUITES EN PORTUGAL

LES JÉSUITES

EN PORTUGAL

LEUR SUPPRESSION PAR POMBAL; LEUR RÉTABLISSEMENT
MOMENTANÉ EN 1829

PAR

F. DE ROQUEFEUIL

(Extrait *de la Revue des questions historiques.*)

PARIS

LIBRAIRIE DE VICTOR PALMÉ ÉDITEUR

Rue de Grenelle-Saint-Germain, 25

1868

LES

JÉSUITES EN PORTUGAL

LEUR SUPPRESSION PAR POMBAL ; LEUR RÉTABLISSEMENT
MOMENTANÉ EN 1829.

Les Prisons de Pombal, ministre de Sa Majesté le Roi de Portugal (1759-1777), journal publié
par A. Carayon, in-8º. — *Lettres inédites du R. P. Joseph Delvaux* sur le rétablissement des
jésuites en Portugal (1829-1834), publiées par le P. Auguste Carayon, de la Compagnie de
Jésus, in-8º.

I

Un des événements les plus considérables de la seconde
moitié du xviiiᵉ siècle, a été la suppression de l'ordre des
Jésuites. Ce fut comme la première grande étape d'un mouvement préparé dès longtemps par le développement progres-
sif des théories fébroniennes, gallicanes et jansénistes sur les
rapports du spirituel et du temporel. Le bref *Dominus ac
Redemptor,* satisfaisant les haines voltairiennes et encyclopé-
distes, avait sacrifié les individus sans sauver les principes, qui
tout au contraire se trouvèrent dès lors sans défenses. L'histoire des bouleversements religieux, politiques et sociaux qui
suivirent, le prouve suffisamment. En réalité, dans le débat
qui s'engagea au sujet des jésuites entre les couronnes et le
Saint-Siége, ils ne furent que l'occasion : c'étaient les droits
et les prérogatives des deux puissances qui, au fond, étaient
seuls en question. Un droit nouveau commençait à s'élever
en opposition avec le droit ancien. Dans cette lutte acharnée,
toutes les armes, même les plus indignes, furent trouvées
bonnes contre l'Eglise catholique. La Compagnie de Jésus

devint le point de mire vers lequel devaient être dirigés les traits acérés de l'ennemi.

Les ordres religieux, en raison de la *Règle* imposée à tous, règle acceptée d'ailleurs librement, et des vœux qui unissent les divers membres en une communauté de vues et de principes comme en un faisceau impossible à rompre, présentent aux nouveautés doctrinales un front d'autant plus inattaquable, une résistance d'autant plus invincible. Le xviiie siècle n'avait-il pas vu la très-grande majorité, pour ne pas dire la presque unanimité des évêques, accepter docilement les entraves mises par *tous* les souverains catholiques à l'exercice de leurs fonctions les plus légitimes, comme à leurs rapports avec le Souverain Pontife, leur chef suprême et naturel? Par là ils prêtaient les mains, plus peut-être que quelques-uns ne le comprirent et ne le voulurent, aux tentatives plus ou moins avouées d'établissement d'églises nationales, c'est-à-dire à l'asservissement de l'Eglise sous le bon plaisir du pouvoir civil. Comment et jusqu'à quel point le philosophisme a profité de cette situation après l'avoir créée, c'est ce que nous n'avons point à examiner ici. Toujours est-il que ce fut naturellement contre le plus zélé, le plus influent de tous les grands ordres, contre le plus mêlé à toutes les affaires, que durent se concentrer les défiances les plus profondes, l'animadversion la plus vive, les haines les plus implacables. Or, cet ordre était celui de Saint-Ignace. On trouvait des jésuites depuis les extrémités de l'Asie jusqu'en Amérique ; il y en avait dans l'univers plus de vingt-deux mille, possédant vingt-quatre maisons professes, près de sept cents colléges, soixante noviciats, cent soixante-seize séminaires ; ils étaient répartis dans près de trois cent dix résidences, dans plus de deux cent vingt missions. Dans presque toutes les cours, ils étaient confesseurs des princes et des grands, et d'ailleurs, dans toutes les branches des connaissances humaines, ils avaient produit et produisaient encore de grandes célébrités et des maîtres incontestés.

Le déchaînement n'en fut que plus violent contre eux : et ici, à défaut d'un fond solide pour l'attaque, le mensonge et la calomnie firent leur œuvre ; il n'est point de noirceur, de perfidies ou d'attentats à la morale dont les jésuites n'aient été accusés ; pas de finesses, de niaiseries ou d'infamies qu'on ne leur ait reprochées. Eussent-ils eu tous les torts, ce n'était pas une raison suffisante pour violer des droits anciens et légitimes, pour les proscrire sans jugement et avec une brutalité sans exemple, pour leur opposer des dénis de justice aussi flagrants que ceux dont les parlements usèrent à leur égard. L'humanité a des droits aussi que ne sauraient étouffer ceux de la plus stricte justice ; la vérité est qu'ils furent toujours de saints religieux, aussi innocents des perversités morales que des erreurs dogmatiques qu'on leur imputait. Les opinions de l'institut et ses principes, les idées particulières de tels ou tels de ses membres sur la morale ou toute autre question libre, sont et restent assurément discutables, à la condition toutefois d'être honnêtement et loyalement discutées ; c'est ce qui n'a pas toujours eu lieu. Les jésuites ont éprouvé toutes les injustices, ils ont été en butte aux accusations les plus contradictoires et les plus ridicules. « Ce qu'il y eut d'assez étrange dans leur désastre universel, a dit Voltaire, c'est qu'ils furent proscrits dans le Portugal pour avoir dégénéré de leur institut, et en France pour s'y être trop conformés. » En sorte que, pour tout accommoder, il semble qu'il eût suffi d'envoyer à Lisbonne les jésuites français et en France les Pères portugais. Les prétendues enquêtes des parlements et des tribunaux ont été illusoires, et mensongères, ainsi que cela est aujourd'hui hors de doute : l'impartialité oblige d'ajouter que ce qui n'est en aucune façon prouvé, ce sont tous les forfaits dont on a prétendu les flétrir ; aussi a-t-on peine à concevoir comment un esprit non aveuglé par la haine et les préjugés, ne serait pas révolté de l'illégalité et de la rigueur des mesures auxquelles la Compagnie a été en butte de la part des princes qui l'ont expulsée de leurs États. C'est là ce qui frappe tout d'abord dans l'histoire de ce grand drame qu'on appelle la *Chute des Jésuites*.

Nous ne voulons pas ici refaire cette histoire, en énumérer tous les détails et toutes les preuves. C'est seulement sur un coin du tableau que nous nous arrêterons un instant.

II.

On sait que Joseph Ier, roi de Portugal, ou plutôt dom Carvalho, marquis de Pombal, qui régnait sous son nom, fut un de ceux qui mirent le plus d'ardeur, la tyrannie la plus « emmaillotée de légalité, de lois iniques ou absurdes[1] » à poursuivre le *delenda Carthage* du temps, c'est-à-dire la destruction de la Compagnie de Jésus. Vingt ans plus tard, on devait poursuivre les rois eux-mêmes. L'affaire des jésuites portugais est connue, du moins dans ses traits généraux. Quelques détails manquaient encore, mais ils se complètent peu à peu, grâce aux documents inédits, tirés des archives que l'Institut a pu conserver ou retrouver, et que le R. P. Carayon publie successivement. Ce sont les pièces à décharge dans ce procès déjà ancien, mais que l'histoire n'a pas abdiqué le droit de reviser sévèrement. On conviendra qu'après un siècle écoulé les accusés ont le droit de produire leurs témoins et leurs pièces justificatives, et d'élever enfin la voix pour l'honneur de la vérité plus encore que dans un intérêt personnel.

A ce titre, les *Prisons de Pombal*, pour ne parler que de ce volume, s'appliquant à un épisode spécial, auront rendu un signalé service à l'histoire. On a là l'irrécusable déposition d'un témoin que Dieu semble n'avoir conservé au milieu des tourments, que pour qu'un jour une voix au moins s'élevât pour raconter les horreurs de la persécution, en même temps que la patience et les vertus des martyrs. Sans doute ce volume émeut par les anecdotes qu'il contient, et édifie par l'esprit de foi et de sacrifice de son auteur; mais pour un lecteur attentif, dégagé de préventions et qui saura suivre et reconnaître dans le fait actuel toute la trame de ce qui a été préparé de longue main, les révélations qu'il contient, les témoignages qu'il apporte, et les réflexions qu'il inspire le rendent plus intéressant et plus précieux encore. C'est pourquoi nous regrettons vivement que cet ouvrage, tiré à un très-petit nombre d'exemplaires, ne soit pas davantage répandu dans le public. Il est de ceux qui peuvent être hardiment présentés aux amis et aux ennemis de la Compagnie de Jésus.

Qu'est-ce donc que les *Prisons de Pombal?* pas autre chose que les *Mémoires* du P. Eckart, enlevé en 1755 à sa mission du Maragnon, pour expier en Portugal, par plus de vingt ans de *carcere duro*, le seul mais irrémissible crime d'avoir été membre de la Compagnie de Jésus.

---

[1] *Les Prisons de Pombal,* p. XVII.

Et qu'était-ce que le P. Eckart? C'est ce que nous apprend Christophe de Murr, dans une page que le P. Carayon a eu raison de tirer de l'oubli ; on y remarquera, avec un style quelque peu germanique, des aveux d'autant plus précieux qu'ils émanent d'un protestant ; mais on sait qu'à l'équitable impartialité d'un honnête homme, de Murr joignait une connaissance très-approfondie des affaires de l'Amérique méridionale à l'époque dont nous parlons : « le P. Anselme Eckart, dit-il, était de famille illustre de Mayence, dont le frère était évêque suffragant de l'Electeur. Il entra dans la Compagnie en 1740 ; emporté par le zèle et l'amour du prochain, il abandonna les honneurs, les biens, les espérances que lui assuraient ses vertus et sa capacité ; il demanda les missions d'outre-mer, et embarqua le 2 juin 1753, à Lisbonne, pour le Maragnon. » De Murr parle ici d'un autre Père, allemand comme le P. Eckart, et ajoute : « Tous les deux quittèrent leur patrie sans autre but que celui de servir Dieu et sauver les âmes dans les campagnes du Maragnon : tous les deux s'occupèrent en soldats courageux dans la guerre que les jésuites y faisaient et y ont toujours fait à l'ennemi du genre humain. Celui-ci les chassa du champ de bataille dès le commencement, en se servant de la violence de ses ministres, en les rendant les victimes du despotisme le plus barbare : tous les deux avec une patience héroïque, ont *sanctifié* plusieurs prisons du Portugal [1].» Telle est l'opinion du protestant de Murr sur les œuvres et les vertus des jésuites ; et le protestant Sismondi, nous le verrons bientôt, ne parle pas autrement.

Mais ne nous occupons que du P. Eckart : c'est à la date du 31 décembre 1755, époque où il se vit arracher à sa mission, que commence le journal de sa captivité, pour ne finir qu'en 1777, lorsque, Dieu lui ayant conservé la vie, il fut rendu à la liberté, grâce à la chute de Pombal. Il revint alors à Mayence, d'où il passa bientôt en Russie ; il y reprit l'habit de la Compagnie et mourut au collége de Polosk, le 29 juin 1809. Son journal, écrit en latin et publié en Allemagne dans le recueil de Christophe de Murr, était resté jusqu'ici à peu près inconnu en France : la traduction du P. Carayon est complétée par des emprunts faits à d'autres relations, dues à quelques

---

[1] *Les Prisons de Pombal,* p. 328.

jésuites portugais et publiées jadis en Italie, et par des notes souvent considérables et destinées à faciliter l'intelligence du texte. Nous n'en citerons qu'une, d'un intérêt particulier pour nous ; c'est celle qui contient la longue narration inédite du P. Louis du Gad , jésuite français [1]. Ce religieux avait été enlevé à Macao, avec plusieurs de ses compatriotes, et contre le droit des gens, par ordre de Pombal, puis enseveli dans les cachots de Saint-Julien, à l'embouchure du Tage, où, comme tant d'autres, il serait probablement mort de misère, si la reine de France n'était intervenue en sa faveur. Grâce à Marie Leczinska, le P. du Gad fut arraché encore vivant aux griffes de Pombal ; deux autres Pères furent peu après délivrés comme lui.

On voit que cet ouvrage, selon la juste remarque de son éditeur, « constitue un appendice assez curieux de l'histoire du XVIIIe siècle. » Nous ne pouvons faire connaître ici que par une mention très-succincte, ce journal si plein de faits, écrit au milieu de toutes les tortures physiques et morales, avec tant de sérénité, par l'une des nombreuses victimes de Pombal, mais dans lequel, chose digne de remarque, il est impossible de signaler une récrimination quelconque ni le moindre sentiment d'amertume.

La haine de Pombal était pourtant sans bornes et les effets n'en furent que trop cruels. « Tant que je vivrai, avait-il dit, ces gens-là ne verront pas le soleil. » Il tint parole, et nous remercions le P. Carayon d'avoir montré, au moyen du journal du P. Eckart, jusqu'à quel point furent poussées envers les jésuites la barbarie et l'illégalité. Les protestants eux-mêmes, et les moins suspects, ont rendu hommage à leurs vertus. « Les jésuites, écrit Sismondi, furent investis dans tous leurs colléges, dans toutes leurs missions, dans toutes leurs résidences, le même jour, à la même heure, leurs papiers saisis, leurs personnes arrêtées et embarquées ; on craignait leur résistance dans les missions, où ils étaient adorés par les nouveaux convertis ; ils montrèrent au contraire une résignation et une humilité unies à un calme et une fermeté vraiment héroïques. »

Ce qui n'empêcha point les ordres les plus durs du *grand ministre* de n'être que trop bien exécutés par ses aveugles

---

[1] *Les Prisons de Pombal,* p. 123 à 145

agents. Citons un fait pris au hasard : « Le capitaine d'un vaisseau porta la sévérité, dit le P. Eckart, jusqu'à mettre aux fers, premièrement sur le vaisseau même, et ensuite à Lisbonne dès qu'on y fut arrivé, un chirurgien qui avait soulagé la soif de quelques Pères, en leur donnant un peu plus d'eau que la mesure prescrite... Vingt-deux jésuites moururent de besoin dans cette traversée [1]. » Dans la prison de Saint-Julien où les Pères furent enfermés pendant de si longues années dans des casemates souterraines, « un peu de jour, dit Eckart, pénétrait jusqu'à nous par un soupirail qui avait trois palmes de longueur et trois doigts de largeur : pour toute nourriture nous avions par jour une demi-livre de pain et de l'eau où fourmillaient les vers [2]... Jour et nuit nous n'avions pour dissiper les ténèbres que la lueur faible et vacillante d'une petite lampe. Je regarde comme un prodige de n'avoir pas perdu la vue au milieu de cette obscurité continuelle [3]... » Et ce supplice dura près de vingt ans !

Quels ne devaient donc pas être les forfaits articulés contre des gens traités comme les plus dangereux des criminels ? Ouvrons encore, ici, le livre des *Prisons de Pombal ;* voici ce que nous y lisons à l'année 1777, qui fut celle de la mort de Joseph Ier et de la chute de son ministre : quelques jours s'étaient à peine écoulés, que Joseph-Antoine de Oliveira Machado, juge de l'Inconfidence, écrit au gouverneur du fort Saint-Julien et lui demande les noms de tous les captifs... Il veut en même temps savoir pour quel crime ils ont été emprisonnés. Le gouverneur déclare *n'en savoir absolument rien* [4]. « Singulière réponse d'un geôlier, dit ici le protestant Christophe de Murr, question plus singulière encore d'un juge après tant d'années de peines subies ! » — Et le P. Eckart continue simplement : « Le 10 mars, Oliveira se rend lui-même à Saint-Julien, et *pour la première fois*, après dix-huit ans de la plus dure captivité, on nous demande ce que nous avons fait, quel crime nous avons commis !... » Trois magistrats furent alors chargés de faire une enquête sur le nombre et le sort de ceux qu'avait si ardemment poursuivis Pombal. Plus de deux cents religieux

---

[1] *Les Prisons de Pombal,* p. 97.
[2] *Ibid.,* p. 155, 150.
[3] *Ibid.,* p. 113.
[4] *Ibid.,* p. 233.

avaient été plongés dans les cachots de Saint-Julien ; il n'en restait plus que quarante-cinq vivants.

Les listes officielles donnent les noms de près de deux mille jésuites arrachés violemment à leurs missions dans les chrétientés de l'Inde et de l'Amérique, pour être ramenés des colonies en Portugal à fond de cale des bâtiments de Sa Majesté très-Fidèle, ou jetés du Portugal en exil.

Nous demandions tout à l'heure avec les juges de l'Inconfidence, quel crime avaient commis ces religieux ; mais ne pourrait-on pas plutôt demander quelles n'étaient pas leurs vertus ? Le P. Eckart raconte, en effet, — sous l'année 1759, — que « l'on offrit la faveur du Roi à tous ceux qui voudraient abandonner la Compagnie [1] ; » ils n'étaient donc, en réalité, coupables que de lui appartenir. Le chemin des honneurs leur était ouvert, s'ils eussent consenti à fouler aux pieds leurs vœux religieux. Le philosophisme du xviiie siècle, pour se débarrasser de ses censeurs, prétendait les compromettre et les faire tomber dans le piége, quitte ensuite à se prévaloir contre eux de leur parjure ; car, si d'un côté, comme on le vit en France lors de leur résistance à Mme de Pompadour, les jésuites s'attirèrent l'inimitié des grands pour n'avoir pas voulu se prêter à une de ces capitulations de conscience qu'on leur reproche avec tant d'acrimonie, d'un autre côté, de quelles flétrissures ne les eût-on pas couverts, et avec raison, s'ils eussent acheté leur salut au prix de leur honneur d'hommes et de prêtres!... Mais non, ils souffrirent silencieusement toutes sortes de rigueurs, et ensevelirent leurs souffrances dans le fond de leur cœur, sans qu'une seule plainte publique s'échappât de leurs lèvres.

Pour ne considérer leurs actes et leur influence que en dehors du Portugal et même de l'Europe, qui ne sait que les plus éclatants succès avaient couronné leurs travaux apostoliques dans les missions de l'extrême Orient et du Nouveau Monde, et que leur courage et leur charité y avaient commandé le respect à leurs ennemis les plus acharnés? Comme contre-coup, la France, l'Espagne et plus encore le Portugal, en avaient reçu d'immenses services. Les travaux des jésuites, poursuivant, à travers mille fatigues et mille dangers, l'œuvre

---

[1] *Les Prisons de Pombal*, p. 76.

de la régénération religieuse des sauvages et des idolâtres, ouvrant, au prix de leur vie, les colonies portugaises à la civi- lisation de la mère patrie, en même temps qu'à la lumière de l'Évangile, ces travaux avaient changé la face de l'Amérique et excité l'admiration des protestants eux-mêmes. Il est regre- table que, dans un ouvrage qui ne manque pas, d'ailleurs, d'un certain mérite [1], le P. Theiner ait cru devoir passer complétement sous silence la destruction de ces missions magnifiques, les rigueurs incroyables subies par les mission- naires, les iniquités juridiques dont ils furent l'objet. A défaut du livre du P. Eckart, il ne manque pas de documents qui auraient pu édifier suffisamment le savant oratorien sur ce point. Mais nous ne trouvons à ce sujet, dans ses deux volumes, que cette seule phrase : « On s'empressait, en Portugal (1772), de pourvoir de zélés missionnaires les missions abandonnées par les jésuites [2]. » — ABANDONNÉES!.... On conviendra que l'euphémisme est poussé ici un peu loin !

Il est vrai qu'il écrit ailleurs que « Pombal s'occupa avec intelligence de relever de leur décadence les sciences théolo- giques et profanes, » et que sous son inspiration « l'Université de Coïmbre reçut une nouvelle forme, adaptée aux besoins du temps, et une extension considérable [3]. »

En effet, Pombal fut un réformateur ; mais, — qui oserait le nier ? — un réformateur qui introduisit dans sa patrie, au point de vue intellectuel, la décadence complète des lettres, et en politique la révolution, conséquence naturelle des idées philo- sophiques et du fébronianisme. Quant à la question religieuse, les curieuses dépêches du ministre de France à Lisbonne établissent qu'il songea très-sérieusement au schisme (fait prouvé d'ailleurs par la provocation de la rupture avec le Saint- Siége, et la volonté manifeste de la prolonger le plus long- temps possible), et qu'il conçut même la pensée de faire détrôner Clément XIII [4]. Et non-seulement Pombal songea à établir le schisme, mais, par le fait, il n'y réussit que trop bien. Voilà ce que l'histoire vraie atteste avec éclat. Bien plus, le P. Theiner lui-même avance que Pombal plaça des professeurs

---

[1] *Histoire du Pontificat de Clément XIV*, par le R. P. THEINER.
[2] *Pontificat de Clément XIV* ad annum 1772, n° XXXII.
[3] *Ibid.*, n° XXXIII.
[4] *Ibid.*, tome I, n° XLIV.

protestants à Coïmbre, ne tendant à rien moins qu'à mettre le
Portugal sur le pied de l'église schismatique d'Utrecht, et avait
fait donner, par la cour de Lisbonne, une pension au capucin
apostat Norbert, avec la mission d'introduire le jansénisme
dans le royaume [1]. Il faut convenir que ces contradictions sont
absolument incompréhensibles, et qu'on ne sait comment
expliquer les indulgentes paroles du R. P. Theiner, qui n'a que
des éloges pour la *piété* de Pombal (comme ailleurs pour celle
de Choiseul [2]), et présente sa conduite comme inspirée par le
zèle le plus éclairé pour l'*Église et la religion*, et tous ses actes
comme accomplis en parfait *accord avec la cour de Rome* [3].

En même temps, il accuse d'intrigue et de révolte les
jésuites, écrasés par tout ce que le droit du plus fort peut avoir
de plus inique et de plus arbitraire. — L'histoire est loin de
confirmer un jugement si dur. Les fils de saint Ignace
savaient leur institut attaqué, leurs biens confisqués, leurs
personnes traduites devant des tribunaux vendus, car ces
tribunaux les ont condamnés sans les entendre, sans même les
interroger. Dans d'aussi pénibles circonstances, peut-on leur
reprocher les quelques efforts stériles tentés par eux pour
conjurer l'orage? Ces démarches pour sauver leur ordre, eurent-
elles, d'ailleurs, le caractère odieux qu'on leur prête? Et n'est-
il pas, au contraire, actuellement prouvé qu'il n'en est aucune
qui ne fût parfaitement avouable? Sur ce point, on nous per-
mettra, sans nous y arrêter davantage, de trouver le P. Theiner
plus que sévère. Il ne suffit pas, dans une affaire aussi grave, de
prononcer le mot d'*intrigues;* il faut expliquer le mot et prou-
ver le fait.

Revenons au *pieux* Pombal, non que nous prétendions
nous étendre ici sur la vie et les actes de ce ministre hypocrite
et cruel, philosophe et impie; mais puisque l'on a vanté ses
réformes universitaires, invoquons les faits. A peine est-il
tombé, que le peuple, le clergé, les grands, tout le monde respire en Portugal. L'Université de Coïmbre qui, prétend-on,
aurait eu si fort à se louer des règlements et des réformes qu'il
lui avait imposés, « se hâta, dit le P. Eckart, qui en fut témoin,

---

[1] *Pontificat de Clément XIV*, tome I, p. 30 et 31.

[2] *Ibid.*, tome I, n° XLIV et ad an. 1770, n° XC.

[3] *Ibid.*, ad an. 1771, n°ˢ XXXIII, XXXVI et surtout XXXVII; — ad an. 1772,
n° XXXII.

de briser sa statue, élevée par crainte et par ordre, bien plutôt que par admiration et amour [1]. » Alors, continue-t-il, « les anciens captifs de Saint-Julien, désormais en liberté, recommencèrent à exercer le saint ministère à Lisbonne même. Quelques-uns de nos Pères firent entendre la parole de Dieu à un nombreux auditoire [2]. »

Cette liberté de la prédication catholique était tout ce que réclamaient les religieux de la Compagnie de Jésus, en compensation de tout ce qu'ils avaient souffert, depuis plus de vingt ans, dans leurs biens, dans leurs personnes, dans leur honneur. Mais elle ne dura pas. L'Ordre était supprimé et paraissait à jamais frappé à mort. La Providence, toutefois, lui ménageait une réparation, et, si elle la lui fit attendre un demi-siècle, c'était, comme nous l'allons voir, pour la préparer plus éclatante.

III.

On sait comment la Compagnie de Jésus fut rétablie dans l'univers entier, sous le pontificat de Pie VII, par la constitution *Sollicitudo* du 7 août 1814. Dès 1801, à la prière de l'empereur Paul Ier, le même pape avait rétabli officiellement les jésuites en Russie, et en 1804 les bénéfices du bref *Catholicæ fidei* avaient été étendus par le Saint-Siége au royaume de Naples; après trente-sept ans d'absence, les cent soixante-dix religieux survivants à l'œuvre de Tanucci étaient rentrés dans leurs maisons et leurs colléges, au milieu de l'enthousiasme général; le roi avait voulu assister en personne à la réouverture de leur principale église. De leurs côtés, le duc de Modène, le roi de Sardaigne, la Suisse rappelaient à l'envi les jésuites. Le petit-fils du roi d'Espagne, qui les avait expulsés de ses États, avec tant de rigueur dans les procédés et tant de mystère dans les motifs, Ferdinand VII venait de rentrer dans sa patrie et de s'asseoir sur le trône de ses pères. Son premier soin fut également de satisfaire au vœu de l'Espagne, réclamant par la voix de ses évêques et de ses magistrats l'abolition du décret qui avait proscrit la Compagnie. Pendant ce temps, les Pères du

[1] *Les Prisons de Pombal*, p. 262.
[2] *Ibid.*, p. 264.

Sacré-Cœur, membres d'une congrégation formée en Belgique en 1794, sur le modèle de la Compagnie de Jésus, par le prince de Broglie, évêque de Gand, demandaient à être officiellement incorporés dans l'ordre dont ils suivaient déjà les constitutions.

En France, les débris de l'ancien institut s'étaient conservés sous le nom de *Pères de la foi*; on ne peut nier qu'ils n'aient puissamment contribué, par leurs missions dans les campagnes, à la rénovation religieuse opérée sous le règne de Napoléon. Après la bataille de Waterloo, Talleyrand, qui ne peut être suspect ici, mais à l'esprit politique et délié duquel la Compagnie semblait nécessaire pour répandre les principes qui consolident les trônes, avait dit au roi Louis XVIII, en lui proposant sa reconstitution légale : « J'affirme à Votre Majesté que la Compagnie de Jésus peut seule relever les ruines du passé en s'emparant de l'éducation qui assure l'avenir. » Mais le vieux roi avait toisé d'un regard dédaigneux son ministre apostat, et un sourire de railleuse incrédulité avait été sa seule réponse; et les jésuites n'ayant pas en France d'existence légale, ne pouvant y prendre le titre de corporation religieuse, malgré l'acte pontifical du 7 août 1814, devinrent bientôt et de plus en plus le point de mire de toutes les attaques du parti soi-disant libéral.

Nous n'avons pas à retracer la douloureuse histoire de ces luttes où l'on peut dire que l'intelligence politique fit autant défaut que la justice et la bonne foi, et qui aboutirent aux fameuses ordonnances de juin 1828. Mais il nous a paru nécessaire de rappeler brièvement la situation des jésuites en France et leur nouvelle proscription par la Restauration, car c'est ce moment et cette occasion que la Providence choisit pour les ramener en Portugal.

Les détails les plus instructifs et les plus dramatiques sont donnés sur toute cette affaire par les *Lettres inédites du R. P. Delvaux*. Ce volume, publié, comme les *Prisons de Pombal*, par le R. P. Carayon, forme, lui aussi, « un épisode important et curieux de l'histoire ecclésiastique du Portugal. » Il est plus piquant encore, si l'on peut s'exprimer ainsi, que le *Journal* du P. Eckart, les faits qu'il expose étant presque complétement inconnus; il est plus actuel aussi, puisqu'une grande partie de la génération vivant encore aujourd'hui a pu connaître les personnages qu'il met en scène. Cette *Correspondance*, qui comprend près de soixante-dix lettres et occupe plus de cinq cents pages, respire un incomparable parfum de simplicité, de sagesse et de sainteté ; elle contient des renseignements curieux et inattendus sur les hommes et les choses, l'état des esprits et de la religion.

Les ordonnances rendues contre les jésuites français avaient à peine reçu un commencement d'exécution ; ceux-ci venaient à peine d'abandonner, devant la tourmente, leurs huit séminaires, seuls établissements qu'ils possédassent, et où ils instruisaient, sous la surveillance et la direction des évêques, les jeunes gens qui se destinaient au sacerdoce, lorsqu'un jeune diplomate portugais, le marquis de Saraïva, offrit au R. P. Godinot, provincial de France, de faire passer dans sa patrie quelques-uns des religieux proscrits, promettant de faire tous ses efforts pour « y promouvoir le rétablissement de la Compagnie. » (31 août 1828.) Le 3 janvier suivant, il écrivait au même Père (et c'est par cette lettre que s'ouvre le recueil dont nous parlons), qu'il avait eu le bonheur de réussir, ayant trouvé, dit-il, à la tête des affaires un ministre d'un rare mérite, qui venait d'obtenir du roi la permission de rappeler les jésuites ; et il ajoutait : « Tant le roi que le premier ministre désirent qu'il n'y ait le moindre retard possible à vous voir arriver en Portugal[1]. » Ce premier ministre était le duc de Cadaval. La rentrée des jésuites en Portugal était une affaire des plus délicates, à cause des traditions qu'y avait laissées le système inauguré par Pombal, à cause aussi de toutes les agitations dont ce pays avait éprouvé le contre-coup pendant la République et l'Empire. Elle exigeait donc une fermeté et une prudence toutes particulières, aussi bien de la part du gouvernement que de la part des jésuites. La principale difficulté ne provenait pas tant des sentiments de la nation que de la question de légalité, les religieux de Saint-Ignace ne pouvant reparaître sans un décret royal abrogeant le décret de suppression, et s'appuyant comme lui sur un bref du Souverain Pontife. Grâce aux dispositions du duc de Cadaval, ces deux points furent obtenus, mais il y fallut un certain temps, que les Pères d'ailleurs surent mettre à profit, ainsi que nous le dirons tout à l'heure. Quant à la position qui leur était réservée et aux devoirs qui les attendaient dans leur nouvelle

---

[1] *Lettres du P. Delvaux*, p. 2.

2

patrie, les Pères, conformément d'ailleurs aux motifs mêmes de leur rappel, j'allais dire de leur réhabilitation, se trouvaient en plein dans leur élément et dans la règle de leur fondateur. A l'extérieur, ils devaient fournir des sujets pour évangéliser les colonies et reconstituer autant que possible leurs anciennes missions ; à l'intérieur, ils devaient donner des missions aux populations privées depuis longtemps de secours religieux, et surtout diriger les séminaires et autres établissements d'instruction publique. Car, malgré les réformes du *pieux* Pombal, le clergé portugais était alors descendu au dernier degré de l'ignorance, du servilisme et de l'incapacité. Le marquis de Saraïva, conseiller du roi, premier secrétaire de l'ambassade portugaise à Londres, et, comme nous l'avons dit, un de ceux qui mirent le plus d'empressement à cette affaire, écrivait au R. P. Provincial de France : « Les vues de notre souverain et de notre premier ministre regardent particulièrement le but de l'éducation morale et religieuse [1]. » Et, d'après la détermination du roi, et en vue des plus heureux résultats pour sa couronne et la patrie, il demandait que l'on désignât « le plus grand nombre de jésuites possible, pour remplir au plus vite, en Portugal, les excellentes vues du roi en établissant des écoles et des séminaires [2]. » L'histoire prouve qu'à Lisbonne, pas plus que partout ailleurs, les jésuites ne trompèrent l'attente que l'on avait mise en eux. La haine que leur vouèrent la Révolution et le faux libéralisme en est une éclatante démonstration.

Mais tout ceci, on le comprend, devait souffrir d'abord et dans un pays tel que le Portugal, certaines difficultés de détails. Elles furent successivement écartées ou résolues. Les négociations avaient commencé dès janvier 1829, et le P. Delvaux, désigné pour aller recueillir l'héritage des Mattos, des Suarez et des Malagrida, partit de Paris au mois de mars suivant ; mais il ne put entrer en Portugal que six mois plus tard, par suite de diverses circonstances que les *Lettres* nous font connaître.

La frontière à peine franchie, le voyage de la petite mission fut un véritable triomphe, et comme une réparation publique des outrages dont l'ancienne Compagnie s'était fait jadis une

---

[1] *Lettres du P. Delvaux*, p. 3, et *passim*.
[2] *Ibid.*, *passim*.

auréole. A chaque pas, à chaque instant, les Pères se heurtaient aux souvenirs, vivants dans leurs cœurs, soit de leur splendeur passée, alors que l'institut était florissant dans ce royaume qui vit s'ouvrir leur premier collége, soit de leur désastre inexorablement poursuivi par un ministre impudent, qui n'invoquait même pas pour expliquer ses rigueurs la banale et élastique *raison d'État*. — Voici un fait choisi entre mille : « Une particularité bien remarquable, écrit le P. Delvaux, c'est que la première et seule femme qui nous ait fait visite à Lisbonne, est la petite-fille même du marquis de Pombal : c'est une *Fidalga* de la plus solide religion, qui n'a pu résister au désir de voir enfin des jésuites rendus à sa patrie..... Nous avons fait aussi connaissance de son mari, grand-officier de la maison du roi, et de ses dix enfants, qu'elle nous a présentés successivement, demandant ma bénédiction pour eux et pour elle [1]. »

Il y avait bientôt deux ans que les jésuites étaient rentrés en Portugal, rappelés par le roi, accueillis chaleureusement par le monde officiel, l'épiscopat et toutes les classes de la société, et leur existence n'y était pas encore reconnue officiellement, n'y était protégée et sanctionnée par aucune garantie légale. N'ayant ni collége ni monastère à eux, où ils pussent vivre en communauté selon les règles de leur institut, ils avaient été obligés d'accepter l'hospitalité généreusement offerte par les Lazaristes. Il ne faut pas croire que ces deux années aient été perdues pour cela; outre l'étude de la langue portugaise, à laquelle ils durent se consacrer tout d'abord, le salut des âmes ne leur laissait pas grand loisir, et ils traitèrent le Portugal en vrai pays de mission, prêchant, confessant, soignant les malades dans les hôpitaux au milieu des épidémies les plus violentes, faisant le catéchisme aux enfants du peuple, parcourant à pied les campagnes pour les évangéliser, instruisant les prisonniers. Pendant ce temps, ils avaient littéralement vécu d'aumônes. Les lettres du R. P. Delvaux contiennent sur les premiers travaux des jésuites français à Lisbonne et dans les environs les plus admirables détails.

Cependant le respect de la parole donnée et le soin des intérêts religieux des populations finit par l'emporter sur les frayeurs que les déclamations des soi-disant libéraux avaient

____
[1] *Lettres du P. Delvaux*, p. 153 et seq.

pu causer d'abord au gouvernement. A la prière de l'évêque de Coïmbre, dont les instances avaient été vivement appuyées par l'évêque d'Evora, grand-maître des études, le fameux *Collége des Arts* fut enfin remis au R. P. Delvaux. Ce collége avait été le premier fondé par la Compagnie de Jésus dès sa naissance. L'acte royal est du 9 janvier 1832 : il est adressé au Prieur général, chancelier de l'Université, et se termine par ces mots : « Vous vous servirez des dispositions prises par le seigneur don Juan III, que Dieu ait en sa sainte gloire, pour résoudre tout doute quelconque qui se puisse exciter dans l'admission de ces réguliers pour une maison qu'ils ont possédée l'espace de deux siècles avec le plus incontestable avantage de la jeunesse portugaise, et que MOI je leur restitue avec l'entière possession de toutes les grâces et priviléges que leur ont concédés mes augustes prédécesseurs [1]... » Telle est ce qu'on pourrait appeler la *Charte réparatrice*, octroyée aux religieux de Saint Ignace par un roi que le faux libéralisme et les passions du temps ne cessaient de représenter tantôt comme un imbécile, tantôt comme un monstre. On peut sans doute lui reprocher un caractère parfois indécis et trop faible pour un souverain placé comme lui dans une position pleine de difficultés. Combien d'autres ne sont pas à l'abri d'un semblable reproche ! Mais il était vraiment chrétien, et prétendait conformer ses actes à ses principes ; il voulait agir en tout selon la justice et pour le plus grand bien de son peuple. Mettre sa couronne royale sous le palladium de l'Eglise, et considérer la Religion comme le naturel et légitime soutien de son trône, il n'en fallut pas davantage pour exciter contre lui les clameurs de la secte qui devait bientôt le renverser. Le P. Delvaux donne de curieux détails sur ce prince, qu'il approcha maintes fois, avec lequel il eut de longs et fréquents entretiens. On ne trouvera pas sans étonnement dans ses *Lettres*, un don Miguel tout différent de celui auquel nous avait habitués une implacable et mensongère tradition.

La Compagnie de Jésus se disposa donc à aller reprendre possession de son ancien *Collége des Arts*, et ici, nous touchons à un de ces moments de *vengeance jésuitique*, ou plutôt de réparation providentielle, dont l'histoire de l'Eglise offre tant

---

[1] *Lettres du P. Delvaux*, p. 320, lettre LI.

d'exemples : pour conserver aux faits toute leur saveur, nous laissons la parole au R. P. Delvaux lui-même :

« Le vendredi 17 février 1832, nous entrâmes, dit-il, dans le diocèse de Coïmbre, ce dont nous ne tardâmes pas à nous apercevoir. Pombal est la première paroisse ; nous y fûmes reçus au son des cloches, complimentés et conduits en triomphe par le curé archiprêtre, accompagné de tout son clergé. L'église, où deux de nos Pères allèrent dire la sainte Messe, était magnifiquement illuminée comme aux plus grandes solennités. Pour moi, pressé par un sentiment religieux impossible à exprimer, je m'étais esquivé, avec un père et un frère, avant la rencontre du bon curé, et j'avais couru vers l'église des franciscains pour y prier sur la tombe du marquis de Pombal ; mais l'infortuné n'a point de tombe ! Nous trouvâmes, à peu de distance du maître autel, une bière, couverte d'un méchant drap mortuaire, que le père gardien du couvent nous dit être la sienne. Il y attendait en vain les honneurs de la sépulture depuis le 8 mai 1782. Chose à peine concevable, vu le crédit dont son innombrable famille a continué à jouir dans le royaume....... C'est donc en toute vérité que je puis le dire : le premier pas de la Compagnie, rentrant solennellement à Coïmbre, après plus d'un demi-siècle de proscription, fut d'aller célébrer une messe d'anniversaire, le *corps présent*, pour le repos de l'âme de celui qui l'avait proscrite, et dans le lieu où il passa les dernières années de sa vie, disgracié, exilé et condamné à mort. Quel concours de circonstances ne fallait-il pas pour amener cet événement ! Je sortis de Pombal sans bien savoir si c'était songe ou réalité..... Ceux qui connaissent l'histoire des derniers temps de cet homme fameux, rapprochaient de ce qui se passait sous leurs yeux ce qui arriva l'année de sa chute, lorsque l'évêque de Coïmbre, qui avait été compagnon d'infortune de nos Pères, sortit, avec quelques-uns d'entre eux, de son affreux cachot, et retourna dans son diocèse, en passant aussi à Pombal. Là commença son triomphe, et le marquis alla se jeter à ses pieds, le priant avec larmes de lui pardonner [1]. »

Après cette citation, tout commentaire de notre part serait superflu. Nous ne pouvons que renvoyer le lecteur au volume édité par le P. Carayon. C'est dans l'original même qu'il faut lire le récit de la réception magnifique des jésuites dans la ville et de tout ce qui leur advint dans la suite, ainsi que l'exposé de la situation politique et religieuse du Portugal, et des péripéties diverses qu'ils eurent à traverser dans leur réapparition passagère, car ils demeurèrent à peine quatre années. Le mouvement de réaction politique qui, à cette époque, ébranla presque tous les trônes de l'Europe, se fit

---

[1] *Lettres du P. Delvaux*, p. 331 et seqq. Toute cette lettre est du plus haut intérêt.

sentir aussi en Portugal : préparé de longue main, pressenti par le P. Delvaux, il aboutit en 1833 au renversement de don Miguel. Les jésuites furent entraînés dans la chute de leur royal protecteur. Ils furent de nouveau cernés, pillés, chassés. Don Pedro avait fait revivre les ordonnances de Pombal!... Mais il avait essayé auparavant de séduire les jésuites, et de les attirer à son parti par les promesses les plus magnifiques. Pendant qu'il était à Oporto, un de ses agents secrets, protestant d'ailleurs et franc-maçon, leur avait promis, en son nom, toutes sortes d'encouragements et de faveurs, s'ils voulaient se prononcer pour dona Maria. Les mêmes ouvertures furent faites aussi, mais sans plus de succès, auprès du duc de Cadaval. La 64ᵉ lettre, adressée par le Père Delvaux à M. Picot, contient tout l'historique de ces intrigues et des rigueurs auxquelles les Pères furent en butte pour y avoir échappé. Pendant ce temps-là, le fléau de la peste s'était ajouté au fléau de la guerre civile : les religieux de Saint-Ignace s'épuisaient dans les camps et dans les ambulances à soigner les blessés des deux partis, et à prodiguer aux nombreuses victimes du choléra, sans distinguer sous quel drapeau ils servaient, toutes les consolations de leur saint ministère; l'un d'eux y tomba, victime de son zèle. Mais à quoi sert la charité et le dévouement? Dès qu'ils prétendirent rester étrangers à la politique, autant par principe et conformément aux règles de leur institut, que par reconnaissance pour don Miguel, (et il était au moins étrange de vouloir les détacher de ce prince pour les faire servir d'appui à don Pedro), dès lors ils furent proscrits, condamnés et en quelque sorte exécutés en effigie. Au reste, ils ne furent pas seuls atteints : les Pères de l'Oratoire, les Carmes, les religieux de Saint-Augustin et ceux de Saint-François, ressentirent comme eux les effets d'une révolution, qui se souilla en peu de jours de tous les crimes imaginables. Le cardinal Justiniani, nonce du pape, fut renvoyé brutalement, avec ordre de quitter le royaume dans les trois jours et sans aucun desménagements de forme que son caractère eût obtenus d'une toute autre politique. Il est remarquable, et nous ne pouvons passer ce fait sous silence, que, au milieu de tant de fureurs et d'iniquités, la révolution qui frappait si cruellement la Compagnie de Jésus, lui rendit comme involontairement le plus magnifique hommage, par les motifs mêmes dont elle prétendit légitimer leur bannissement. Nous lisons dans le décret du 24 mai 1834, extrait de la *Chronique constitutionnelle de Lisbonne*, que le secrétaire d'Etat des affaires ecclésiastiques de Portugal déclare « nulle et non avenue la bulle *Sollicitudo*, et que, de plus, *étant malheureusement de notoriété publique que les susdits religieux se sont montrés fidèles au principe de la Compagnie dont ils font partie*, Sa Majesté Impériale leur ordonne de sortir immédiatement de Coïmbre. » Les termes de ce considérant, qu'on n'eût pas autrement rédigé s'il se fût agi d'un décret de réhabilitation, nous dispensent de tout commentaire. Ceci, d'ailleurs, s'applique à quelques Pères qui étaient restés cachés en Portugal après la révolution. Quant au Père Delvaux et à d'autres plus directement en vue, après avoir échappé comme par miracle et grâce à la généreuse énergie d'un Anglais catholique, M. Yvers, aux bandes forcenées qui envahirent leurs retraites les armes à la main, ils reprirent le chemin de l'exil ; car pour eux le Portugal était une nouvelle patrie à laquelle, autant qu'il avait été en leur pouvoir, ils avaient consacré leur science, leur charité apostolique, leur vie tout entière..... Le 25 août 1833, le P. Delvaux s'embarqua pour Gênes, et là s'arrête sa correspondance.

Qu'il nous soit permis d'évoquer, en finissant, un souvenir personnel : il nous a été donné de connaître le R. P. Delvaux, de vivre sous son gouvernement aussi paternel que ferme, et de recueillir de sa bouche l'histoire touchante de cette messe célébrée par lui sur la bière du pauvre Pombal, et de son entrée triomphale à Coïmbre..... C'est donc avec émotion que nous avons retrouvé, vivants dans ses *Lettres*, et comme parlant encore, les traits de cette figure aimable et vénérée.

Le Mans. — Imprimerie Ed. Monnoyer, place des Jacobins.